LAVA ME

LÁVAME

Zelenia Monllor

Círculo Rojo
EDITORIAL

Primera edición: mayo 2024

Depósito legal: AL 1060-2024

ISBN: 978-84-1073-330-5

Impresión y encuadernación: Editorial Círculo Rojo

© Del texto: Zelenia Monllor
© Maquetación y diseño: Equipo de Editorial Círculo Rojo

Editorial Círculo Rojo
www.editorialcirculorojo.com
info@editorialcirculorojo.com

Impreso en España — Printed in Spain

Esta historia comenzó antes de que llegara el amor, comienza con la llegada de un relato a mi cabeza. Es tan misteriosa la fuente de donde surgen las ideas.

El amor me trajo la poesía e hizo que saliera de mí como una fuente.

Pero el relato anunció su llegada, como un eco de alguien que no está, pero sus pasos ya se sienten.

Este libro está dedicado al amor, a las miradas cómplices, a los amigos, a quien me haya leído y se haya sentido comprendido o a cualquiera a quien le hice pasar un rato entretenido.

A un chico con el que pinté en mi terraza, no me acuerdo ya del color de sus ojos, pero sí de la música y de toda la poesía que en él había.

A Tenerife, pues casi todo ha sido escrito admirando sus paisajes rocosos.

A Lanzarote por ser mi casa, y por su viento, que siempre trae algo nuevo.

A mi familia y amigos, cuya admiración y palabras de apoyo han hecho que esto esté publicado.

En especial, a Nacho Baltar por haber estado en mi vida, por regalarme su amistad, su arte, y leerme. Gracias.

El relato
El elemento que soy.

Estoy enamorada del aire, y muy a mi pesar,
ya que me acaricia, me eleva y me hace ver el mundo desde lo alto,
yo siempre con mis aires de grandeza.
¿Cómo no iba a estar enamorada del aire
yo, que soy aire?
Porque lo vi un día siendo libre,
silbando entre los árboles,
y yo, que sabía que habría tormenta,
nunca había vivido una.
Así que me quedé para conocerla.
Resulta que es elocuencia, es rápido, confuso,
intangible, inalcanzable, impredecible.
Fantasma, aunque no transparente,
pues de todos vendedor de humo.
Me acaricia, pero no puedo cogerlo,
porque cuando te das cuenta de que está ahí,
ya se ha ido.
Porque es efímero.
Pero lo bueno, si breve, dos veces bueno, dicen.
Y yo no sé qué decirte, pues un huracán me elevó,
como a Dorothy, pero también me aplastó,
como la bruja que soy.

Yo lo quería en un bote, pero necesita arrasar con todo.
Antes de irse, me dijo que para eso mejor que me busque una tierra.

Y a mí nunca me gustó tocar la tierra.
Porque la tierra es áspera y, a veces, dura,
y me tira hacia abajo.
Siento su gravedad,
y también la de los hechos,
sobre mi pecho.
Pero la tierra no quiere soltarme;
me quiere firme, fría, anclada, duradera.
Como las muñecas que no usa
y siempre tiene en una caja
porque sabe que son valiosas.
La tierra me hace ser, pero
¿para qué ser si no estoy sintiendo?
Así que, por sentir, le miré a él.
Bailando, brillante, furioso, volátil.
Me recordaba al aire
porque no lo podría atrapar.
Lo toqué porque su calor me recordaba a casa,
pero su intensidad me hacía daño y confundí lo familiar con lo sano,
pues más vale malo conocido
que bueno por conocer.
Una vez asada y con el alma en carne viva,
hice de tripas corazón.

Y volví a casa, necesitaba curar mis llagas.
Encontré así que, para limpiar, para sanar,
necesitaba del agua, que me aterrorizaba.
Yo nunca fui de sumergirme en aguas profundas,
pero esto era cuestión de supervivencia.

Al entrar en ella, aliviaba mis heridas,
me acariciaba, pero también me arrastraba,
y yo le seguía la corriente, pues era dulce.
Llegué a sitios nuevos,
rincones inexplorados donde me sentí pequeña
y no tocaba el suelo.
Por primera vez, aquello me asustaba.
La dejé invadirme,
me sentí pura al verme desbordada por su fluir,
era ruidosa, llorona, y nunca se estaba quieta.
Siento renegar de ella a veces,
pero me falta valor para enfrentarla y solo acudo a ella para expiar
de mí el pecado del hombre.
Porque mi cuerpo es escenario y en un escenario limpio
ya no hay crimen.

Guerra

Nosotros no volvemos a las andadas.
Nosotros nos armamos de valor
y hacemos una marcha militar.
Yo monto un comité de guerra
para invitarte a que vengas a invadirme.
Yo contaba con mis trucos,
como en Troya.
Sin saber que el único caballo eras tú.
Que entraste en mi vida con tu saliva,
incumpliendo el preacuerdo de armas biológicas.
Y ganaste cada asalto con tan solo ese primer beso.

"Ser"

Te quiero
tan cerca
que no haya diferencia
entre el ser tuyo
y el **ser mío**.

Una foto

No puedo parar de mirarte.
Me sorprendo a mí misma
intentado atraparte.
Que tu imagen me quede clavada como un prisma.
Conservar para siempre en mi memoria tu carisma.
Déjame saciar mi mente de tu ente.
Si te vas, pues vete,
que me llevo para siempre tu imagen como unas lentes.
Capturar para siempre la esencia de ese ser
para seguir mirándote
aunque no te pueda ver.

El Rayo

Cuando yo sentí la luz de tu mirar,
el rayo hizo añicos mi latir.
Cuando los pedacitos cayeron al agua,
su tintineo despertó al niño amor de madrugada.
Y cuando te miro ahora,
siempre se oyen campanas.
Ya no sé si es el niño cuando llora
o es el reír de cientos de hadas.

Besa la tierra

Si el roce hace el cariño, tú abrásame la piel.
Quema las malas hierbas y las raíces con tu tacto.
Borra el recuerdo de lo que fue y ya es pasado.
Abóname con sus cenizas el alma.
Ráscame y árame los prados,
eriza mis arenas.
Cava un hoyo que me llegue al tuétano.
Riégame para darme sustento.
Dame luz para que no me falte alimento.
Besa mis plantas, sóplame tu aliento.
Respeta mis costas, mis mares y mis desiertos.
Erosiona mis montes, inunda mis valles.
Arrasa con furia mis músculos con tus huracanes.
Planta tus semillas dentro de mi oscuridad,
ahógalas para que aprendan a nadar.
Entiérralas para que se puedan enraizar.
Háblales con cariño para que puedan germinar.
Seca, humedece, nutre, protege y agradece.
Rézale a mi templo de fertilidad,
que te dé buena cosecha, salud y prosperidad.

Reina

Ella es poeta,
reina y musa.
No la llames *ángel*,
que, si quiere, te engatusa.
Sus ojos de gata,
uñas largas y afiladas.
Es como un poema:
bonita y exagerada.
«¿Qué es poesía?»,
me preguntas tú.
Cuando usas la metáfora, la hipérbole,
la ironía.
Y todo lo que yo aún no conocía.
Poesía eres tú, que traes la alegría.
Que caminas y el mundo te mira.
Poesía eres tú,
que todo artista quiere leerte.
Tus puntos, acentos, comisuras y mente.
Intenta leerla y te dejará hipnotizada.
Te clava siempre sus palabras y su mirada.
Te acorrala y luego dispara.
Debe ser arquera y no me lo ha dicho.
Me dio con su flecha, debe llamarse Cupido.

1 %

Ya no suspira por mí,
y eso me quita el aliento.
Este verso no es mío,
lo leí en algún momento.
Pero ¡ay, madre!,
sí es cierto.

Si lo veo con otra,
es que me mata por dentro.
Y es que yo no soy celosa,
pero las palabras se las lleva el viento.
Creo que no quedan santos en este convento.

Me dijiste que me amabas,
y era todo puro cuento.
Pero para mentirosos
yo me llevo el gran premio.
Que dije qué de tu nombre.
Ya ni me acuerdo.
Y estoy escribiéndote un poema
con la batería al 1 %.

Y te miento si digo que
no me arrepiento.
Que maldita la noche,
maldito el papel
y maldito el lugar donde te quise ver.
Y maldito el miedo que nos tiene separados.
Pero maldito seas tú por no estar aquí a mi lado.

Aire

A veces no me siento aire.
Me siento un ambiente húmedo.
Quizás soy el aire de una cueva respirando
cuando olas inmensas la están azotando.

Soy aire a presión
que sale del agujero de una roca.
En la costa del algún paredón.
Que siento los vaivenes de las olas.
En calma me acarician,
con tormenta me destrozan.

Todo esto me va puliendo,
pero está siendo todo lento.
Sé que parece que no lo siento.
Parece que no me inmuto,
pero las pruebas son los sedimentos,
aquello que se va cayendo.
Son lentos mis sentimientos,
que es lo que voy callando.

Vienen y van,
dulces y calmos o
picados y amargos.
Estoy suave porque la marea me ha moldeado.
La marea piensa que no hace daño,
que soy dura y aguantaré otra embestida.
Pero la roca está a punto de verse partida.

Y al mar no le importa si dentro hay olivinas.
Al mar no le importa que la roca esté dolida.
Porque el mar es mar y solo sabe ser agua.
Las cosas que le pasan son involuntarias.

Hay fuerzas superiores que lo obligan a moverse,
la culpa de todo la tiene la cúpula celeste.
La culpa es de la luna por estar ahí colgada.
Que causa las mareas, quizás ande ella mareada.

Y si el mar no se mueve,
la roca no se parte.
¿Y el acantilado no respira?
¿De qué servirá toda esta aventurila?

Y yo, que soy el viento,
no tendré más presión,
pero tampoco seré empujado
ni encontraré la dirección.

Gatito

Yo quiero encontrar poesías,
pero solo el amor me guía.
Claro, puedo escribir de hambruna
o de mi hambre perruna,
de querer comerme a cierto gato.

Pero eso dejémoslo para otro rato.
Me da curiosidad lo que está pasando,
quiero ver dónde lleva este atajo,
que, igualmente, pues me pilla de paso.

Espero que sea un camino llano,
que, si me tropiezo, seguro que me mato.
¡¿Las siete vidas dónde se quedaron?!
Aunque eso no importa si me levanto.

Pero qué vaguerío levantarme una vez más.
Creo que esta vez me quedo en el suelo a respirar
o a tomar el sol caliente.
Ya me levantaré mañana, que sea más valiente.

¿Qué más da que el lenguaje no sea el adecuado
mientras recibamos el mensaje alto y claro?
Al fin y al cabo, lo importante es comunicarnos,
entender lo que hablamos de cabo a rabo.
Quizás lo entendamos susurrando o murmurando.
O ladrando o maullando.

Lo importante es no llegar a las manos,
pero si no nos entendemos hablando,
quizás léeme con los dedos.
Entonces lleguemos a las manos.
Entonces túmbate a mi costado.

Si quieres, háblame bajito,
o nos quedamos calladitos.
Que hablen las miradas.
Que me lo digan todo tus ojitos.

Lava me

Creo que soy de lava.
Que salí calentita de casa.
Buscando la fuga para que no quemara más.
Soy el fuego que ha llegado hasta el mar.

Yo era quemadura en las plantas,
quería conocer el agua
para que me lavara.
Pero ¡ay, la sal en la llaga!

Y cómo escocía cuando se apagaba la llama.
Cuando mi carne viscosa y mi movimiento de azufre
se hacía brasas, que aunque no lo parezca,
la carne también sufre, aunque muerta y en la lumbre.

Ha sido lento, pero soy calor líquido.
Tampoco me pidas más, que soy algo atípico.
Creo que no importa si soy lento, pero lo consigo.
Ahora me empiezo a solidificar.
Hay partes de mí
que voy a olvidar en la profundidad,
que quedarán sepultadas.

Primero fueron abrasadas;
ahora viven, pero enterradas.

No sé si hubo algo vivo o ya estaba todo muerto.
Y fui yo, que con mi paso lo hice todo yermo.
Ahora que soy roca, no me quiebran las raíces de tu llanto.
Si crecen en alguna grieta, no huyo de ellas, no las espanto.

Ahora estoy calma, esnifando vapores que desprendo.
Si antes era líquida, pero estaba ardiendo,
ahora soy roca y cubriré todo el desierto.

Efecto mariposa

Dame una guerra en la que pelear
y yo la lucharé.
Dame un motivo y una misión,
y allí estaré.

Dame un propósito
y yo nunca te negaré,
todo lo planificaré
como en el ajedrez.

No sé si soy peón o si soy la pieza clave;
el caballo o el rey no son cosas iguales.
O quizás estamos jugando a las damas
y yo jugaba con las reglas que me daba la gana.

Hace tiempo que olvidé las normas.
No sé si soy la reina, pero dadme la corona.

Tú dime a qué jugamos,
que ya está todo pensado.
Yo lo apuesto todo si tú piensas que ganamos.

Por tu cara de póker yo me juego la vida.
Tú solo rétame con esas dos pupilas.

No sé si los dados estarán trucados,
si jugamos contra dioses o con el resto de los humanos,
pero creo que lo pueden todo los enamorados.
Tú dime a dónde disparo, que yo tiro los dardos.

Dime si jugamos, porque si apostamos, ganamos.
Si movemos las cartas adecuadas,
se caen sus castillos de naipes.

Hay que acabar con los jugadores que tienen ases
en la manga y bajo la mesa.
Yo seré las alas si necesitas una mariposa
que tire las piezas.

Él

Él es la tierra fértil que andaba buscando.
Yo ya había encontrado descampados
cuando andaba deambulando.
Pero eran secos, llanos y de fuertes vientos.
Sus temporales siempre destruían todos mis intentos.

Es verdad que me gustaba el terreno no trabajado.
Veía un diamante en bruto que podría ser moldeado.
Pero en tierra desnutrida no crecen sino malas hierbas,
que nunca mueren ni se marchitan.
A veces pueden aparecer amapolas o margaritas.
Tampoco se dejan quitar.
Pero en ese terreno no plantes,
que nada vas a cosechar.

Minino

Siempre fui de gatos.
Siempre lo dije.
Porque los gatos no necesitan demasiada atención,
pero si los tienes desde mininos, son cariñosos.

Siempre fui de gatos
porque se lavan solos,
huelen bien.
Hacen su vida, pero duermen siempre conmigo.

Mientras estudio, juegan con el robot aspirador.
Cuando cocino, me miran desde el sofá.
A veces rompen con todo para llamar la atención,
y eso puede causarme algún problemón.

Para algunos gatos, el regaño es un lenguaje de amor.
Y por eso arañan, y se enfadan si les cortas las uñas,
aunque sea solo para que no se las partan.
No me gustan mucho los humanos.

Siempre fui más de gatos.
Los gatos no hablan; entonces no tengo que explicar
mis arrebatos.

Creo que me gustan los gatos porque siempre fui un poco felina.
Me gusta pensarme perra a veces.
Es que los gatos tenemos mucha imaginación.

A veces jugamos con moscas que no existen
y maullamos sin motivo.
Los humanos se cabrean porque los despertamos intranquilos.
A veces se escapan de casa y sacan a los perros a rastrearlos.
Pero los gatos se esconden.

Son listos, vuelven cuando tienen hambre.
No responden a cualquiera aunque los llamen por su nombre.
Los gatos vuelven cuando quieren, les da igual la hora,
les da igual que sea tarde.
Y a sus dueños les da igual a la hora que vuelvan.

No serían dueños de gatos si quisieran comportamientos perrunos.
No habría gateras en sus casas, habría casetas y correas que atan.

Siempre fui más de gatos,
creo que seré una anciana rica y con gato.
De vez en cuando me gustaría ser de perros.
Miento si digo que no lo he intentado.

Son un poco pesados y ladran, y comen demasiado.
Tienen demasiada energía y hay que llevarlos a todos lados.
No me sentiría sola en el tejado cuando la luna no me acompaña.
Pero la luna no miente y a nadie engaña.
Aunque a veces se ponga a tejer artimañas,
sabe hilar mejor que cualquier araña,
así que ¿para qué engañarla?

Vamos a sincerarnos,
si de noche todos los gatos somos pardos.
Todos saltamos, nos escapamos y maullamos.
¿Para qué engañarnos?
Yo es que siempre he sido más de gatos.

Iceberg

Es duro y te puede partir si navegas cerca.
Va flotando, no sabe por qué
ni a dónde.
Casi todo de él se esconde.

Está hecho de agua,
que se hizo piedra;
alguna burbuja de aire
es parte de su esencia.

Conserva bien a los esqueletos
de seres extraños que dentro se han querido quedar.
Es mucho más grande por dentro,
más de lo que puedes imaginar.

Ten cuidado si te quieres acercar:
aunque te creas de hierro,
sus vértices te pueden perforar.
Yo sé que quieres explorar,
pero esas aguas son demasiado frías
para poder meterte a nadar.

Parece que es una placa superficial,
pero eso se llama *iceberg*,
un agua dura que esconde todo su ser,
que poquitos exploradores
que son buenos nadadores
tienen la posibilidad de ver.

Fuego abierto

Aquel día, no lo pensé demasiado.
Me dieron una excusa tonta para arrasar con todo.
Llegué en silencio, con la banda tocando un réquiem.
Se me quedó mirando toda la gente.
Todos se alegraron de verme.
Otros palidecieron, como el que acaba de ver un muerto.

Sin duda se sintió mi energía radioactiva,
que llegó brillando, como una vara de plutonio.
Envenené a mi paso todo lo que tanto quise.
No preguntéis por qué, ni siquiera yo sé por qué lo hice.

Como un niño con viruela que quiere abrazar a su madre.
Aunque la quiera, no es consciente del daño que está por causarle.
Solo me sentía sola y envenenada,
quería que aun estando enferma vinieran y me abrazaran.

En realidad, venía a anunciar mi retirada.
Creo que era una retirada bien esperada.
Pero vi que el enemigo puso mala cara
cuando se lo contaba.

Me habían hablado del poder de las palabras.
Pero por fin pude ver el efecto en su cara,
porque me miró como si tuviera una metralleta cargada
cuando le dije que él ganaba,
que iba a levantar una muralla.

Creo que le robé la esperanza aquel día,
todo por lo que luchábamos se desvanecía.
Yo no sabía por qué luchaba él,
yo solo quería que no hubiera diferencia
entre su piel y mi piel.

No tenía más sentido pelear.
Peleábamos porque perdimos la inocencia en algún lugar.
Ni siquiera se despidió de su enemiga leal,
yo, que le había jurado ser su aliada inmortal.
Vi sus ojitos rojos y supe que le había infectado.
No era mi intención ganar la batalla,
yo solo vine a anunciar mi retirada.
Fui caballo de Troya y nunca lo supe.
Pero el que me conquistó fue él,
eso nunca lo duden.

El juicio

Quiero ser una persona clara.
Que, cuando muera
y se midan las cosas que he hecho y dicho en mi vida,
yo salga bendecida.

Poner en la balanza el corazón y la pluma,
con la que escribo lo que siento.
Y que mis acciones reflejen cada verbo.
Que mis acciones se alineen con lo que siento
y que mi corazón, que contiene lo que siento,
pese lo mismo que la pluma de lo que expreso.

Que lo que siento se refleje en cada verso.
Que del hecho al dicho no haya habido trecho.
Ser la virtud y haber liderado con el ejemplo.
Que de buenas intenciones no esté lleno el camino del infierno.

Quiero haber sido justa con la gente que me llevo.
Haberme llevado a los que fueron justos,
a los que me dieron,
pero también a los que me pidieron, cuando les debo.

Quiero querer a los que me hayan querido,
pero, sobre todo, querer a quien lo haya merecido.

A los que me exigieron mi mejor comportamiento.
A los que me dieron herramientas
cuando me vieron deconstruida y
sin intenciones de reconstrucciones.

Quiero que mi palabra sea pluma que vuele,
que mi corazón lo peses y sea leve,
que suelte las cosas que me duelen,
que lo que piense y lo que diga me eleve.

Que mi apariencia refleje de lo que tiene mi esencia.
Ser un símbolo de paz, equilibrio y transparencia.

Crecer

Suelo empezar de nuevo rompiendo cosas.
Pero, al final, crecer es pagar las cosas que rompes.
Y lo que rompemos nunca es barato.
Crecer es dejar de romper cosas para no tener que pagarlas.

Crecer es saber que cagarla
a veces tiene un precio que no puedes permitirte.
Y aprender que puedes coger e irte.
Sin patalear, sin llorar, sin herirte.
Solo irte.

Que empezar de nuevo no tiene por qué salir caro
mientras no causes estragos.
Que, si te va a salir caro, pues no compres ese pato.

Crecer, al final, es elegir en lo que inviertes,
elegir cómo te diviertes,
cómo te resuelves,
cómo te desenvuelves.

Es saber encontrarte cuando te pierdes,
quizás no encontrarte;
crecer, por lo menos,
es intentar buscarte.

A veces te encuentras por un segundo
con algo que se te parece.
A veces dura,
a veces las definiciones frágiles
rápido se nos desvanecen.

Crecer debe ser el poder de decidirse,
si te vas, si te quedas,
volver, venir o volver a irte.

Coger el toro por los cuernos,
las riendas; atar cabos no resueltos.
Sin duda, va de domar animales
o de domesticar tus fuegos internos.

Al final, ¿qué es crecer?
Crecer es la incapacidad
de poder volver a lo que uno ya ha sido
y a lo que nunca más se puede volver a ser.
Eso es crecer.

Visitante

Si yo fui geografía de tu tacto,
y tus dedos mi mapa fueron dibujando.
Que si bien creador de mi existencia no fuiste.
Y es cierto, no fuiste tú quien me descubriste.

Pero con el trazo de tus caricias,
sin intención me definiste.

Sí, cartografiaste las grietas al punto de quiebra
y los microclimas de mi mente.
Supiste navegar mis vientos,
aún asustado por tanto movimiento.

Regaste mis plantas,
sabiendo que morirían en el cambio de estación.
Que donde hay raíles de metal,
no crece tanta vegetación.

Y no llegaste a mí con intención de habitarme.
Fuiste turista que, de inconsciente,
también te perdiste en mis vistas.

Si tuviste tu tierra en otro lado,
llena de cultivo y de ganado,
¿no lo dejarías todo, explorador,
por tumbarte aquí en mi prado?

Lengua

De todos los poemas que escribí,
no supe encontrar nunca la palabra correcta.
He aprendido otras lenguas,
he buscado las raíces en las tierras más lejanas.

En las bibliotecas encontré hechizos prohibidos,
algún dicho y de todo lo que es sabido.
Los foráneos me hablaron en idiomas que yo desconocía,
no sé muy bien cómo siempre los entendía.

Aprendí el lenguaje corporal,
que, aun con diferencias culturales,
es ciencia universal.

Y he leído lo que pensé que eran las claves
para construir submarinos
y al final eran naves espaciales.

Pero hay palabras que, aun sabiendo,
me son imposibles pronunciar.
No es algo voluntario.
Está en la punta de la lengua.
¿Me puedes ayudar?

Fuego

Él es un elemento que no he visto antes.
Qué bonito que vibra.
El niño moreno
tiene el alma de fuego.

Trae una brisa fresca
que da un respiro a mi alma.
No sé cómo explicarlo,
su presencia me calma.

Su sonrisa me ilumina
cuando lo veo por la mañana.
Creo que está hecho de luz,
lo noto en sus palabras.

Si ve que no sonrío,
me intenta animar.
Y su energía se contagia,
llega a cualquier lugar.

Puede que sea como el agua
y lo necesite para vivir.
El agua me da un poco de miedo,
pero yo buceo por ti.

Coraje

Sacar las uñas y enseñar los dientes,
aunque son cosas que se parecen;
no es lo mismo que dar la cara o sacar pecho.

Ir con la cabeza alta y asumir las consecuencias
de haber sido infantil y con orgullo presumir de ciertas rarezas
que, más que rarezas, eran fallos de programación,
que con un reseteo y un borrado del lector hubiera sido suficiente.

Pero admito que soy de un *software* dura de mente.
Puedo dar la cara, soy muy caradura, caradura y demente.
Puedo apechugar con las consecuencias de mis actos
que tuvieron su recompensa en corto plazo.

Estaba todo calculado,
uno apuesta sabiendo que todo es binario.
Que puede tocar el primero y ser el número uno,
y que cabe la posibilidad de ser solo el secundario.

Puedo hacer frente si me la juego,
podría atreverme a ver qué pasa luego.
Si pierdo, no me vas a ver volver a jugar.
Pero soy tan orgullosa que hasta del error te voy a frontear.

Le puedes hablar a la mano si me hieres el ego,
te daré la espalda como los gatos que vemos.
Si me apuntas al pecho, no me darás en el corazón.
Lo tengo escondido bajo la manga.
Hay gente que sabe las claves que desbloquean la caja.
Saberlas no implica tener valor para usarlas,
en las cajas acorazadas hay monstruos que la guardan.
Los monstruos se domestican si existe paciencia.
Hace falta corazón, no solo inteligencia.

Quirón

Pensé que serías la cura
para mis heridas supurantes.
Porque echaste cosas en la herida
que, sin duda, amor, escocían.

Solía pensar que donde dolía era que curaba.
Pero tu amor, más que curar,
fue meter tus manos en la llaga
sin desinfectantes, sin guantes.

Por tocarme, infectaste lo que estaba enfermo ya de antes.
No hay responsables quirúrgicos en este mal proceder.
No hubo malas intenciones, hubo solo mal querer.

No buscaremos culpables a lo que ahora ya está sanado.
No hay muertos con los que cargar.
Nunca esperé que te disculparas,
pero sería suficiente para poderte perdonar.

La mala praxis de mi herida con tu tacto frío, pero tierno.
Me llevó a mil lugares y a hacer las paces con mis muertos.

No sé quién será más culpable,
si el practicante que mete mano en la herida sin tener ni puta idea
o la paciente herida que se muere de risa con tan macabra tarea.

Índice